主　　编 —— 袁岚峰
执行主编 —— 张周项

我是未来科学家
THE YOUNG SCIENTIST

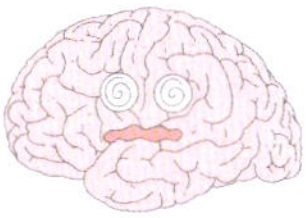

假如意念可以控制机器

顾凡及 —— 著
小灰帽 —— 绘

湖南科学技术出版社 · 长沙

推荐序

亲爱的孩子们，当我翻开《我是未来科学家》这套书时，我仿佛看到了科学的无限可能，也看到了你们充满好奇和渴望知识的眼睛。科学，是一场永无止境的探险。小时候在乡村的生活，让我受到了大自然的熏陶和感染，对科学好奇的种子或许那时就已经萌发。然而，我的科学之旅，可以说是一本《化石》杂志开启的。那是我在高中时期，一次偶然的机会，班主任为我们订阅了这本杂志，它让我第一次近距离接触到地球与生命科学的世界。在科研的道路上，我经历了不少的挑战与困难，但我始终保持着那份对科学的好奇与热爱。

在 21 世纪的今天，科学的发展日新月异，科学不仅仅是实验室里的研究，它更是推动社会进步、改善人类生活的强大力量。前沿科学代表着科技发展的最先进部分，是推动社会进步和持续发展的重要力量。普及前沿科学，对于提高公众的科学素质、培养孩子的科学精神和创新意识具有重要意义。它不仅能够拓宽你们的科学视野，还能够激发你们对未知世界的探索欲望，为未来的科技创新储备人才。

这套书，就像是一扇通往科学世界的窗户，让你们能够窥见前沿科技的魅力。在《我是未来科学家》中，10位专家为孩子们呈现了人工智能、生命科学、能源开发、量子科技、虚拟世界、太空探索等10个领域的最新技术及原理、实际应用以及改变世界的力量，讲述了科学家奋斗的艰辛历程。这套书不仅展示了科技的巨大潜力，也为我们指明了未来发展和前进的方向。孩子们将在书中感受到，科学并非遥不可及，而是就在我们的生活中，只要我们用心去发现，就能找到它的踪迹，激励我们去追寻那些尚未被揭示的科学奥秘，去挑战那些看似不可能的问题。

孩子们，你们是科学的未来，是国家的希望。期待你们在阅读这套书的过程中，能够感受到科学的魅力，激发起对科学的热爱和追求。希望你们保持对科学的好奇心，勇于挑战未知，成为未来的科学家和创造者。

最后，我要感谢这套书的编创团队，他们用生动的语言和精彩的故事，为大家描绘了一个充满奇幻和奥秘的科学世界。我相信，在这套书的陪伴下，你们一定能够放飞科学的梦想，探索未知、创造未来！

中国科学院 周忠和

“心想事成”是人类普遍的梦想。

只要动脑不动手，就能把想要做的事给办成，这听上去多有吸引力啊！

特别是一些全身瘫痪的病人，虽然他的身体像孙悟空被压在五行山下一样动弹不得，但是他的思想却能像蝴蝶一样自由飞翔。

我们想到太空长期探险，或是前往危险的环境中执行任务，如果有一个机器人能按照我们的意愿帮我们做事，完全听从我们的指挥，这又该多好啊！

以前，这一切都只是科幻小说中才有的场景，直到 20 世纪的下半叶，科学家才开始把梦想逐渐转变为现实，开发出一种名为“脑机接口”的新技术，在脑与外界的技术装置之间架起桥梁。

这种技术既可以使外界刺激绕过损坏的感官直接传导到脑，也能让我们通过脑信号来控制外部设备，相当于我们只要想想，就能指挥外部的机器去执行我们想做的事。

要想懂得脑机接口怎样工作，首先要知道脑是怎样工作的。

脑是由无数个神经细胞（也称为神经元）组成的。每个神经细胞不管接收到的信号是光、声音、化学物质、机械力还是电（来自另一个神经细胞），都会先把这些信号转换成电信号。

这就像在中国，官方通用语言是普通话一样，老外到了中国也都得把他们的语言翻译成中文才能进行交流。大脑向肌肉发指令时用的就是一连串的电脉冲。

电脑、电话、手机、电视都是用的电信号来处理信息，像数控机床、飞机这样的复杂机器也是用电信号来控制的。巧合的是，大脑发出的信号也是电信号。不过，不同的电信号就像不同国家的语言，需要翻译才能交流。

首先，我们要记录下大脑在想做某种动作时发出的电信号，然后把它“翻译”成机器能理解的电信号，这样就可以用这些信号控制机器了。现在可以借助人工智能技术把这三步自动完成。虽然这听上去就像是用“意念”控制机器了，但其实控制机器的是脑发出的电信号。

你好
我知道你很急，但你先别急！

小朋友们现在经常能听到“意念控制”这个词，而不是“脑信号控制”吧！这是因为“意念控制”听上去更加神秘，让人浮想联翩。

但是如果我问你什么是“意念”？

你就说不清楚了吧！或许你会说，“意念”就是“思想”。如果再问你“思想”是在脑的哪个地方产生的？怎么把“思想”记录下来？你就更难回答了吧！

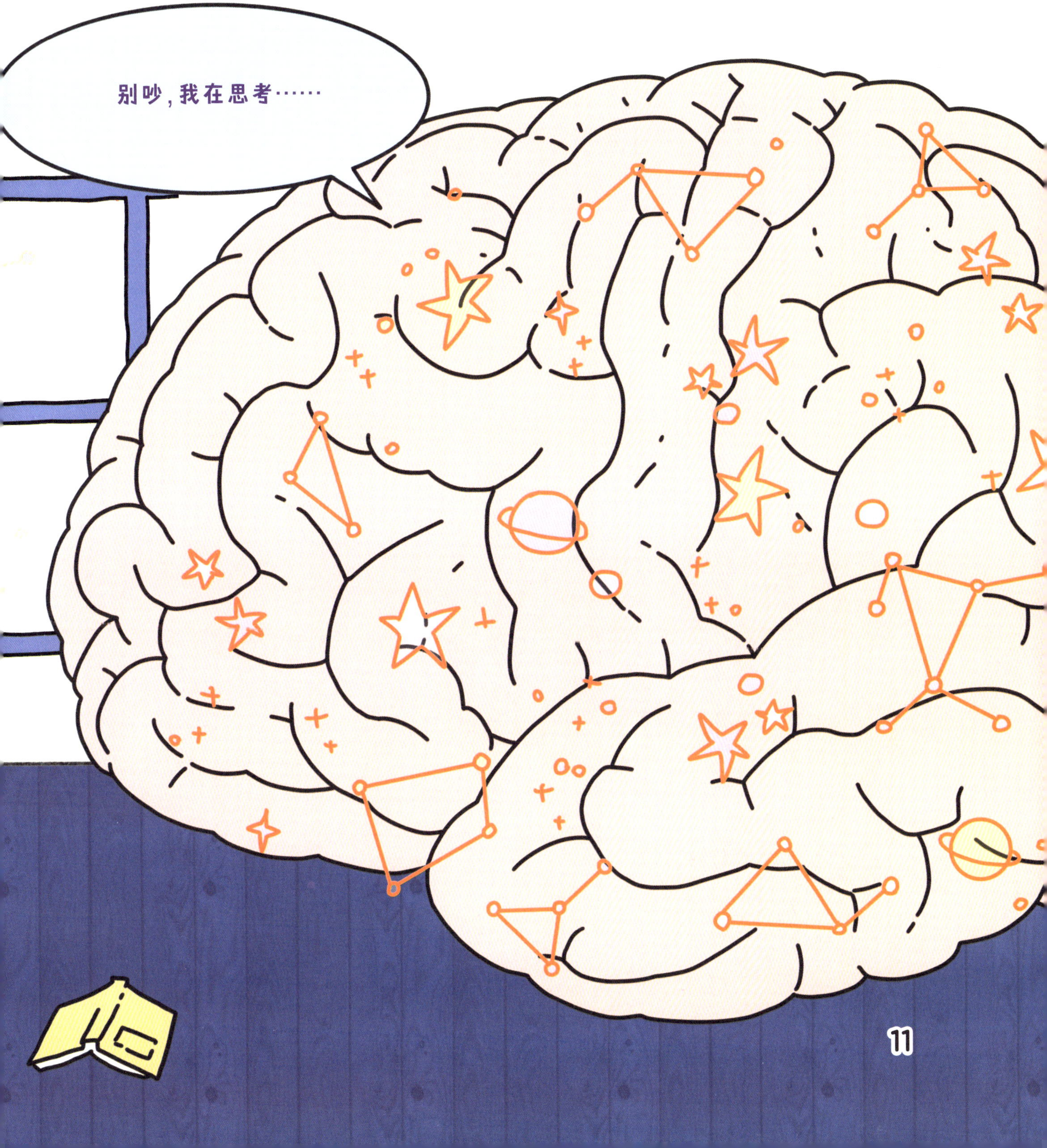
别吵，我在思考……

有位名叫里贝特的科学家曾做过一个实验。他让受试者注视一个沿圆圈转动的光点，并要求受试者记录下自己什么时候想要动一根手指，然后就把这根手指动一动。在做实验的过程中，他也同时记录了受试者的“脑电图”。令人大吃一惊的是，在受试者想到要动手指之前，脑电图已经有明显的变化。

另外，当你的手碰到烧热的油锅时，在你还没有意识到自己想要缩手之前，手已经缩了回来。在这之后你才感到疼痛。所以有很多动作，都是在你感知到你的“意念”以前，就已经由你的神经系统发出命令并执行了。如果要等你想清楚才缩手，那你的手早就被烫起一个大泡了！

好了，现在你明白所讲的“意念”控制实际上是脑信号控制，那么我们怎么提取这种脑信号呢？

其中一种方法是在头皮表面贴上许多个电极，电极上涂有容易导电的糨糊状物，用于记录受试者的脑电图。这种方法的好处是不用动手术，因此相对安全。缺点是这样记录到的脑电信号是大群神经细胞活动的结果，由于还隔了一层颅骨，所以信号微弱，还有大量噪声干扰，这使得信号也不容易破译。

虽然如此，记录脑电图还是有很重要的意义。例如给瘫痪病人看用不同频率闪烁（“频率”就是每秒钟闪烁的次数）的数字，这些数字从 0 到 9 共 10 个，再加上一个结束符来告诉机器拨号结束。

当病人注视其中某个数字时，脑电图中对应这个频率的信号就增强了。通过信号处理，机器就能识别出病人看的是哪个数字。这样，即使是瘫痪的病人也能打电话了。

和上文说的注视数字的方式类似，如果让病人注视的是以不同频率闪烁的字母和结束符，通过脑电分析和机器识别，瘫痪病人就能表达出他们想说的字，从而可以和外界沟通。

清华大学的科学家通过这种方法已经能让病人每分钟讲出 12 个字。

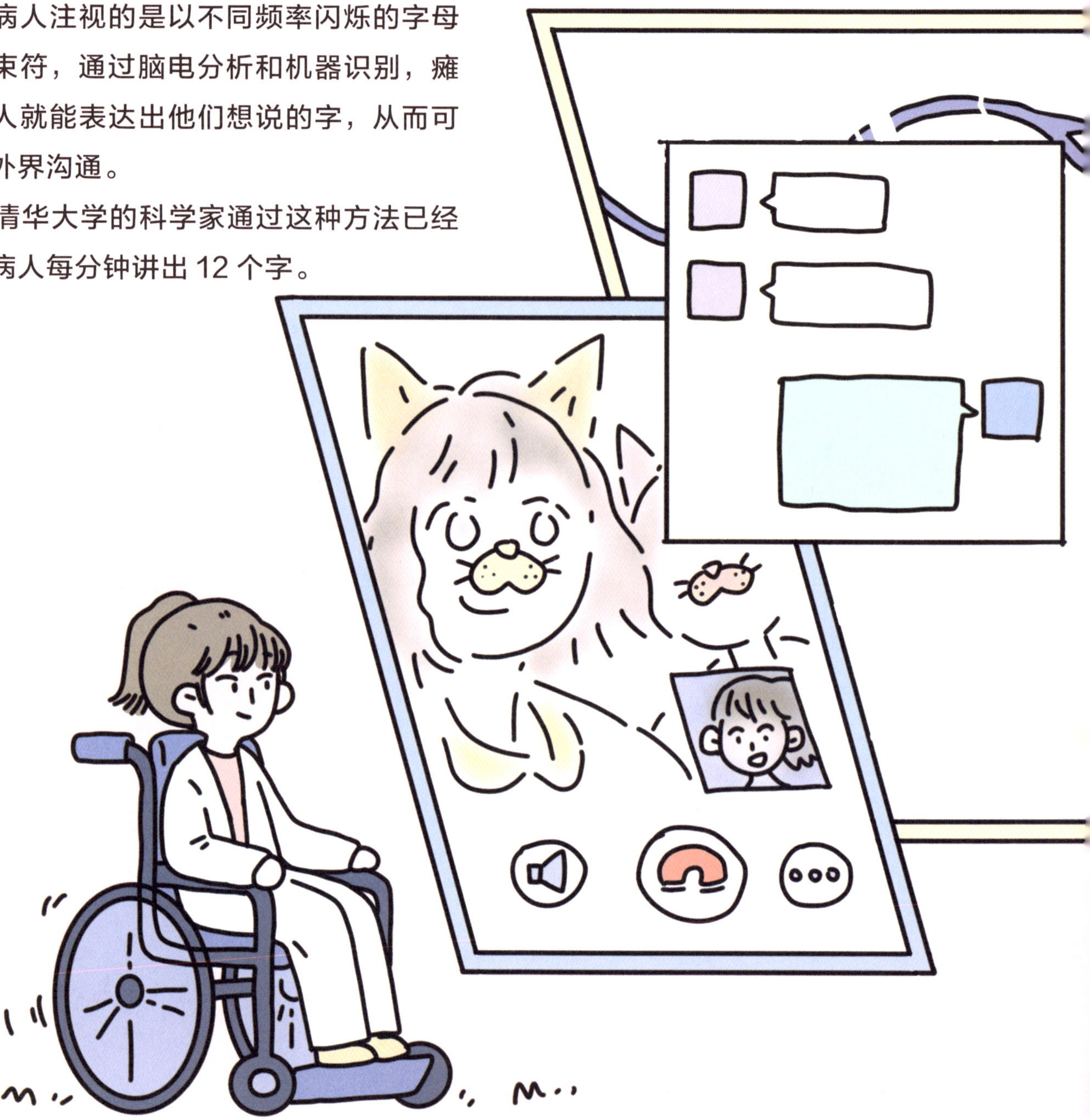

不过要达到这样的效果，病人必须进行训练，而且并不是每个病人都能做到这一点。

但不管怎样，这对瘫痪病人来说依然是天大的福音，他们有了重新和外界沟通的可能性。当然，对于适用这种方法的病人，他们也可以利用这些信号来控制轮椅的运动。这样，他们至少可以自主移动了。

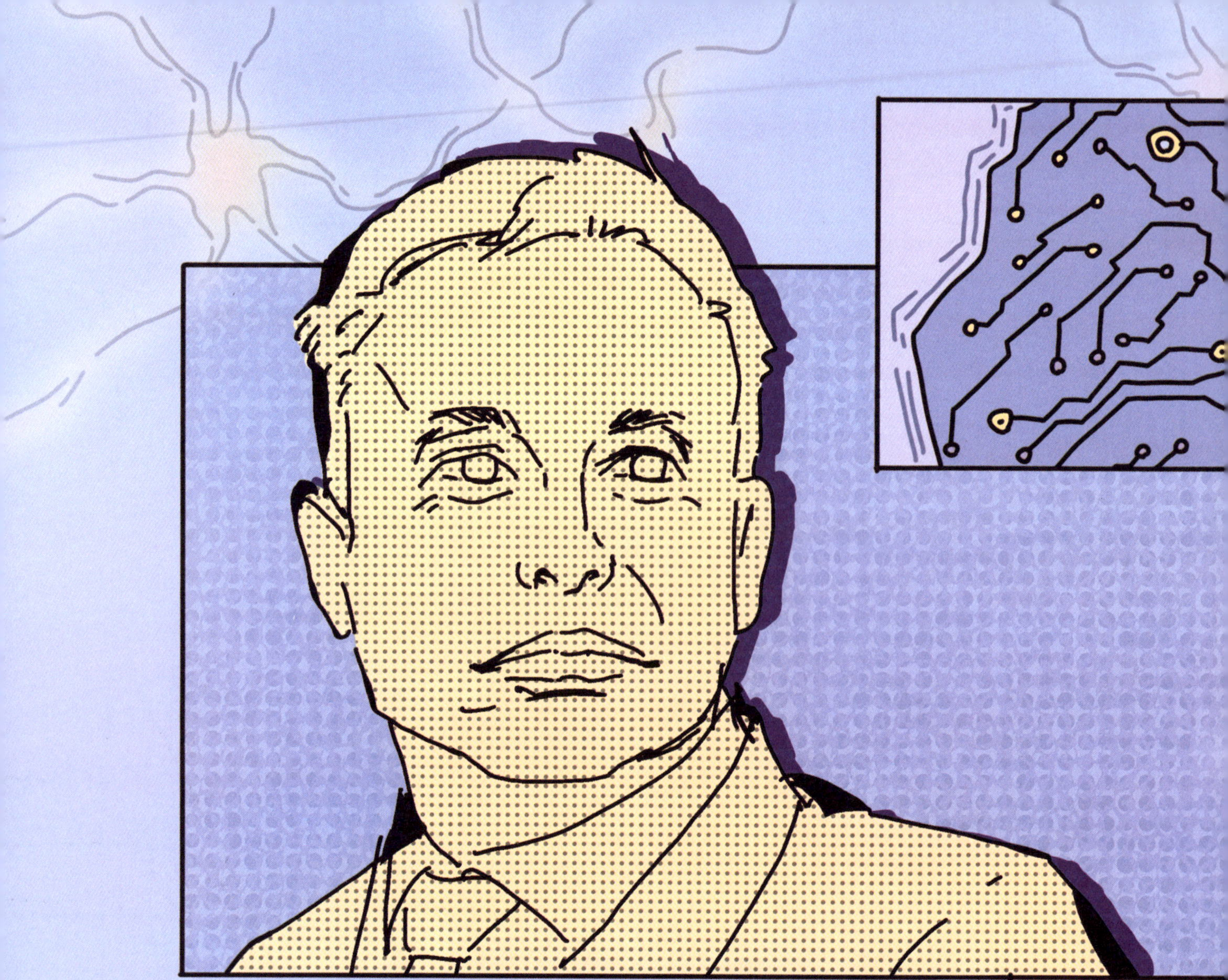

2016年，大富翁埃隆·马斯克成立了一家名叫“神经联结”的公司，专门研发脑机接口，这种脑机接口的电极被安装在许多柔软的细丝上。研究人员会在受试者的颅骨上打一个小洞，然后用手术机器人自动把这些细丝插进大脑，监听电极附近的神经细胞。这样记录下来的信号经过处理后，会被发送给机器。

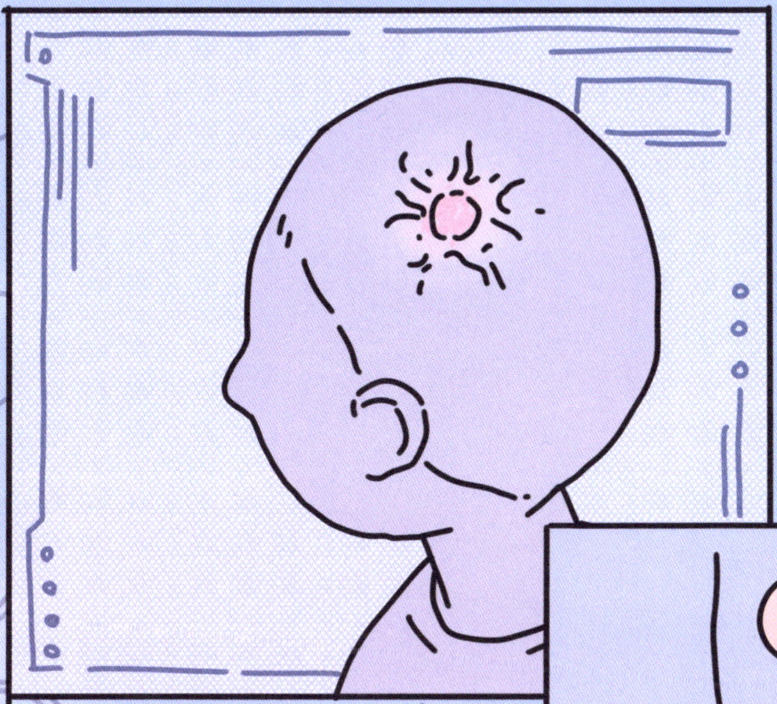

这种技术的好处是信号强、干扰小，由于记录的是直接控制身体运动的神经细胞群体的命令信号，所以控制能更精准，并有望能普遍使用。其缺点是要进行脑手术。而且整套系统是不是能正常工作 10 年以上，以及用这么长的时间对人是否安全，目前都是未知的。

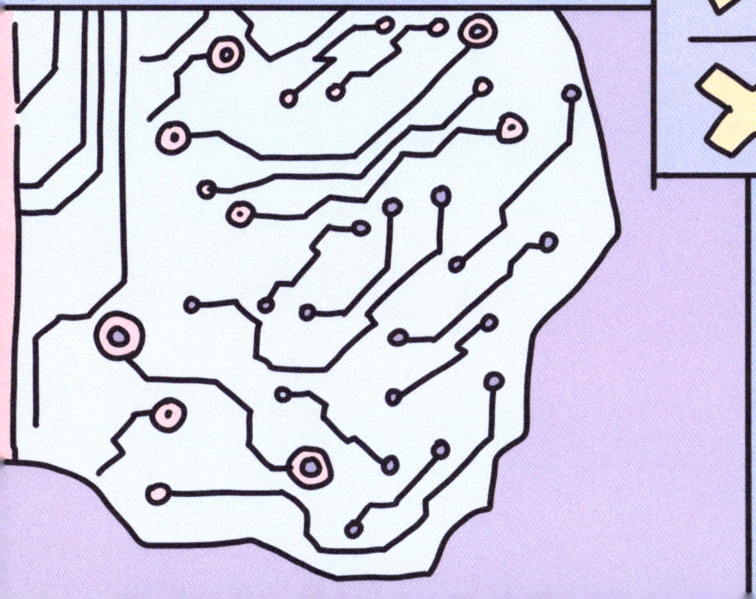

这些问题，只有等真的应用了多年之后，通过观察安装了这种设备的病人的健康状况才能知道答案。

还有一种介于两者之间的微创手术。澳大利亚有一家公司开发了一款带有 16 个电极的网状设备，可以像做心脏血管支架手术那样，通过血管把电极网放置到大脑运动皮层的血管壁上，从而有效地记录附近神经细胞的活动信号。

我国清华大学的科学家则采用了一种不同的方法。他们没有把电极插入脑内，而是将其放到大脑表面，记录运动皮层神经细胞的群体活动信号。这种方法的优缺点介于上面两种技术之间。

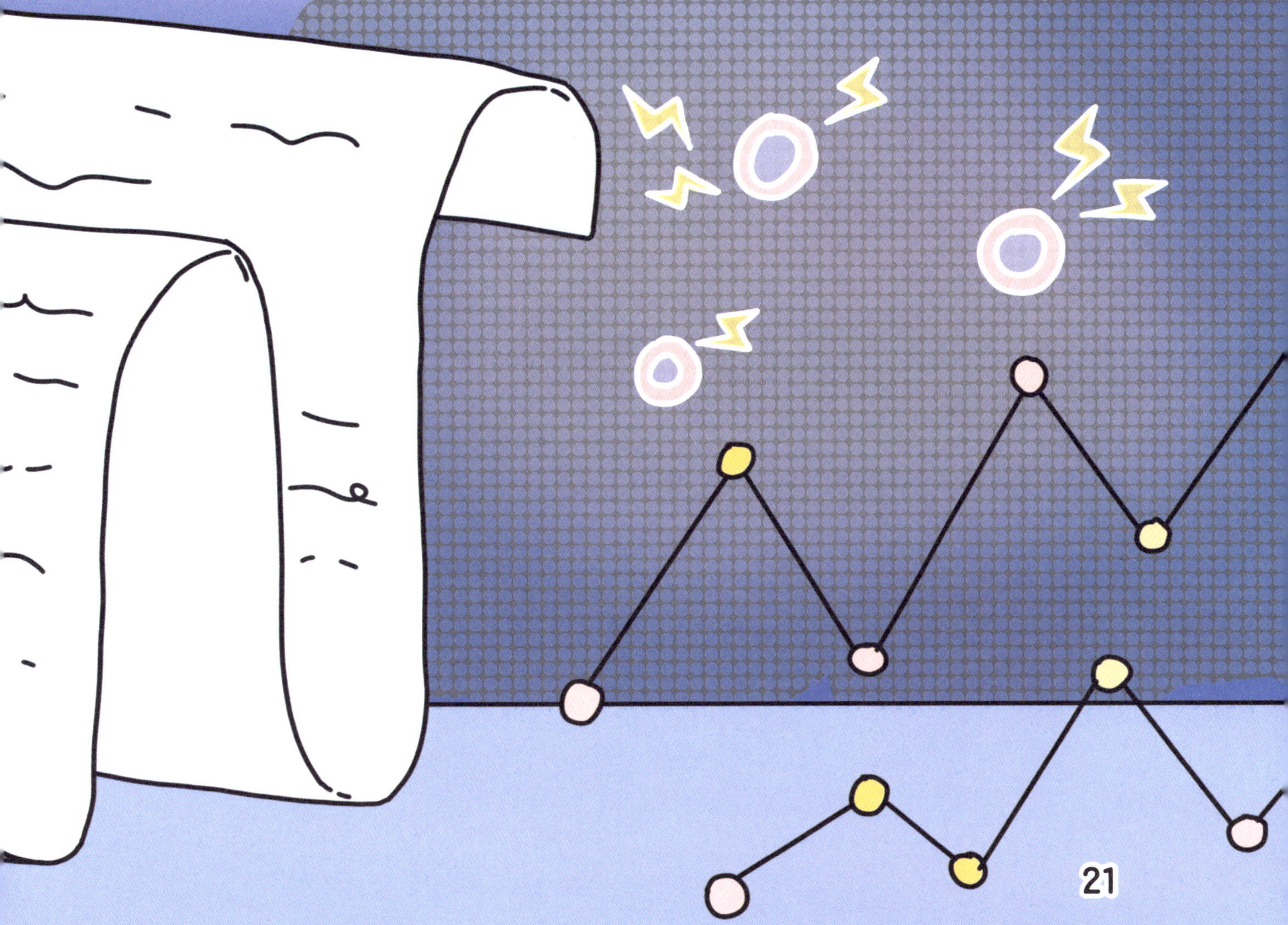

目前的脑机接口一般都用于帮助瘫痪病人恢复部分自主行动能力。

对于要动手术的那些技术，健康人很难接受去做这样的试验，尽管有人说这样做了会有各种好处。

为什么现在的脑机接口技术都集中在研究让瘫痪病人重新获得一定的运动能力上呢？

这是因为科学家对大脑怎样控制肌肉的原理研究得相对清楚。

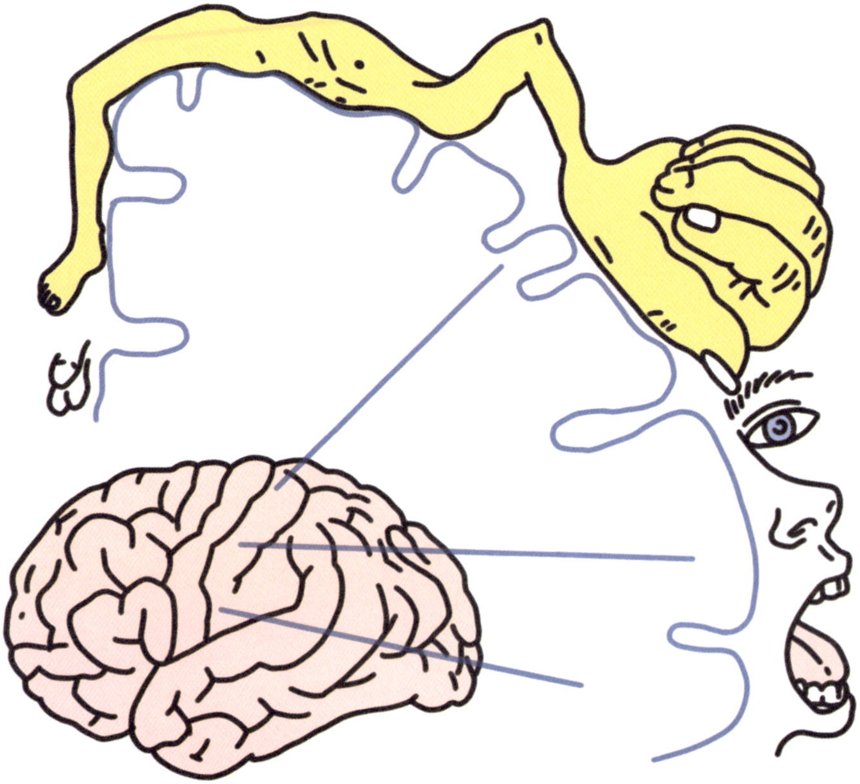

20 世纪 50 年代，加拿大医生彭菲尔德在对药物治疗无效的癫痫病人进行手术之前，先用微弱电流刺激脑运动皮层的不同部位，发现对侧躯体的不同部位会发生运动。如果把这些部位“画”在运动皮层边缘上，就形成了一个畸形的倒立小人的形状。这样人们就清楚了控制身体各处肌肉运动的中心在哪里。

20 世纪 80 年代，科学家耶奥约普洛斯及其同事发现，猴子手的运动方向是由运动皮层中的一群神经细胞共同决定的。

如果运动方向只由某个特定神经细胞决定，那么要找到这个神经细胞就像大海捞针一样困难。

正是由于这种运动是由一大群神经细胞集体决定的，所以只要把许多电极插到我们对应的运动中心，导出大群神经细胞的活动信号，就可以和身体的运动建立起对应关系。

2008年1月10日，在被誉为“脑机接口之父”的尼科莱利斯领导的实验室里，猴子依多亚用“意念”驱动了一台远在日本京都的名为“计算的脑”的机器人稳步行走，这成为轰动一时的大新闻。

2014 年在巴西圣保罗举行的足球世界杯上，尼科莱利斯让一位 29 岁的下肢瘫痪病人平托穿戴了由脑信号控制的“外骨骼”设备，并上场一脚开球，展示了这种技术实际应用的前景。

科学家多诺霍开发了一种名为“脑门”的脑机接口系统。他在四肢瘫痪病人的脑中插入一种称为犹他阵列的电极阵列，采集到的信号通过有线方式被传送到外部设备，再形成控制信号驱动机械手。

2012 年，一位已瘫痪了 15 年的病人，正是使用了“脑门”系统后，第一次可以仅用自己的脑信号就让机械臂取咖啡并帮助自己成功饮用。

目前，控制外部设备的其实是由脑信号转化而来的电信号，不过我们还不清楚这些脑信号是怎样产生的，但是我们确实知道当这些信号产生之后，我们会知道“我们想这样做”（即意念），而这两者的时间差非常短。因此，只要我们“想”，就会有脑信号产生。

尽管这两者之间的具体关系还不清楚，但在日常表述中我们就简单地将其称为“意念控制”。

马斯克声称他的“神经联结”脑机接口技术不仅能使瘫痪病人重新站起来行走（2024 年已经实现的是病人在植入脑机接口后能移动屏幕上的光标），而且还能治疗许多其他脑疾病。

不过，这个许诺能否实现取决于我们对这些疾病成因的研究深度，至少我们要知道病灶在哪里。例如，对于帕金森病和癫痫，我们一般可以找到其病灶，但对很多其他疾病，这些方面都还不清楚。

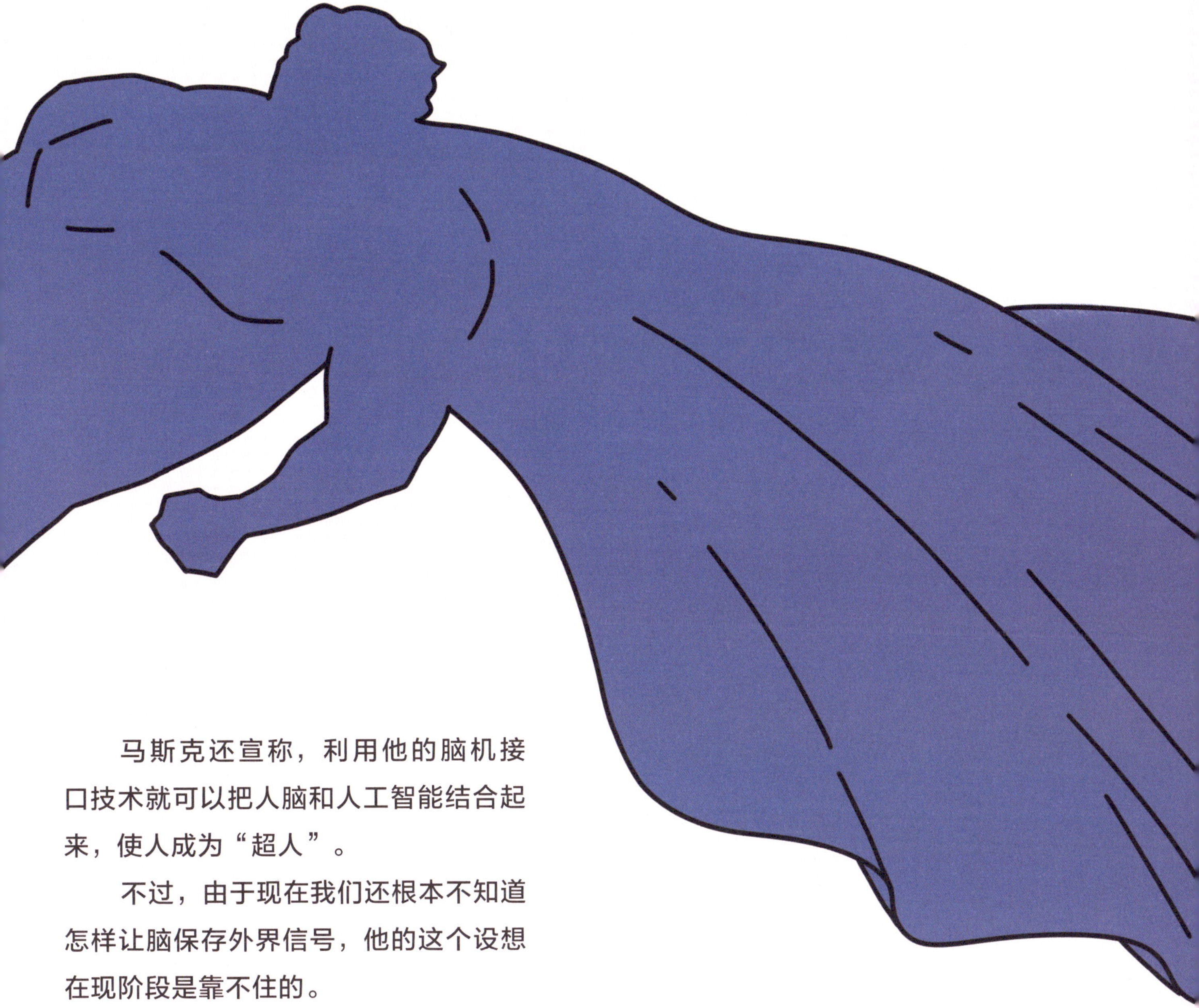

马斯克还宣称，利用他的脑机接口技术就可以把人脑和人工智能结合起来，使人成为“超人”。

不过，由于现在我们还根本不知道怎样让脑保存外界信号，他的这个设想在现阶段是靠不住的。

一些人认为，既然我们可以用脑机接口记录一个人的“意念”，那么我们也可以用另一个脑机接口把“发送者”的“意念”直接传送到另一个人的脑中，这样就能实现“传心”——可以不需要语言就让接受者远程知道发送者的“意念”。如果把一大群人的脑都连接在一起成为一个“巨脑”，天知道会发生什么奇迹！

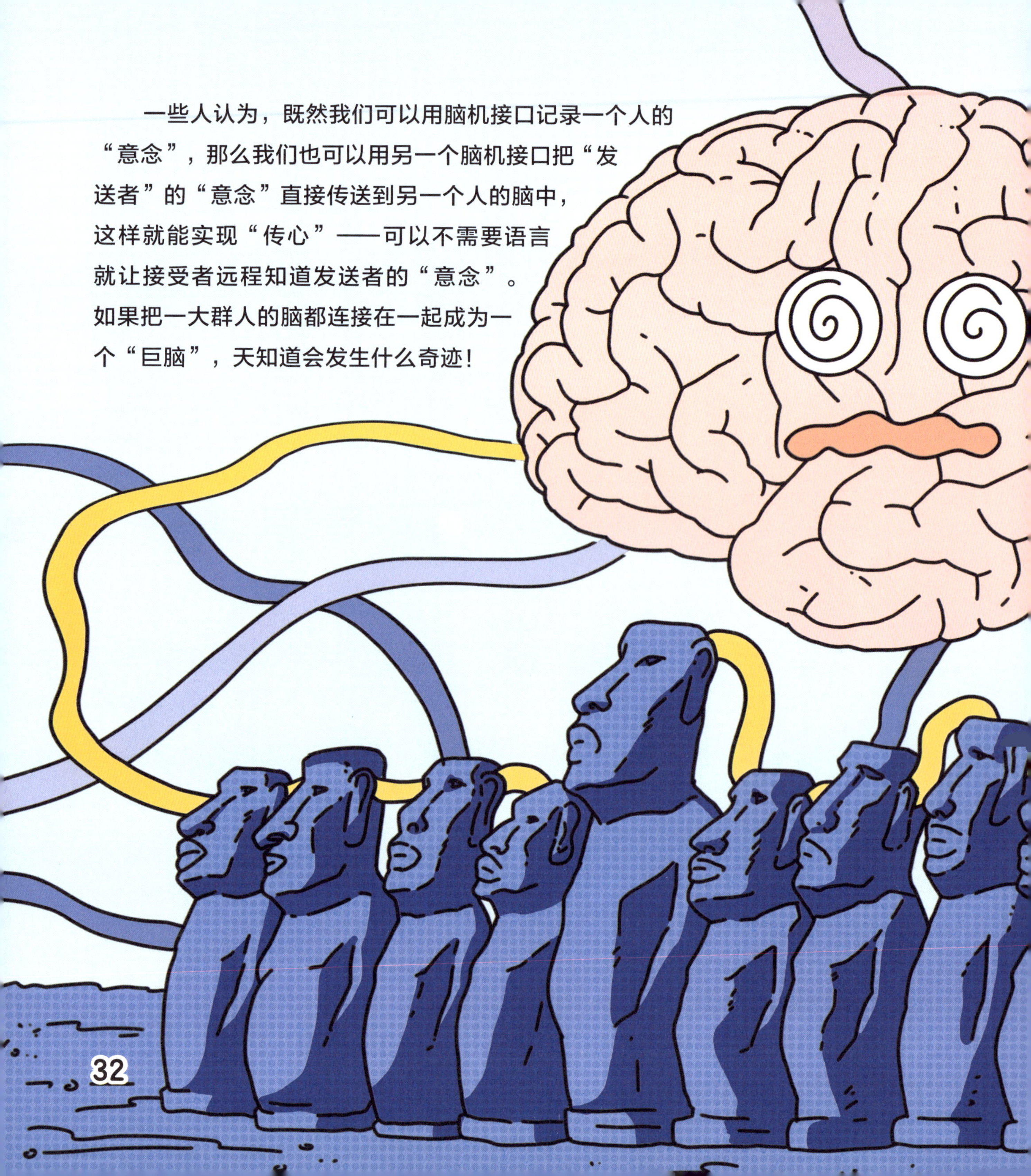

可惜的是，脑并不像这些人所想的那样是一种肉体版的计算机。或许我们可以把记录脑信号当作是从计算机中读取信息，但如何分析这些信号依然是个问题。

我们并不能像对待计算机一样把外界信号原封不动地存到脑里去。现在能做的只是给脑刺激，当刺激到脑的哪个特定部位时，就会引起相应的特定反应。

这种技术被称为“脑脑接口”或“脑脑通信”。运用这种技术，发送者想做一个什么动作，接受者就能远程模仿这个动作，这看上去似乎实现了“传心”。

其实，科学家在这样做时，事先都对接受者做了大量的训练。他们用两种显著不同的信号（比如一种刺激是单个电脉冲，另一种刺激是一串电脉冲）分别刺激运动皮层的特定部位，以执行发送者预先设定的两种动作（这些动作是事先约定好了的）。

在玩类似俄罗斯方块的游戏时，发送者可以看到从上往下掉的积木和底行，从而判断是否应该移动积木以填满底行中的空缺，但是他们操纵不了积木。而接受者能够操纵积木，但是看不到底行的情况。

科学家会记录发送者在想要做特定动作时的脑信号，用机器学习等技术把这个信号转换成相应的训练信号。这样，接受者在接收到这类信号时，就会自然而然地做出之前已经学会的动作。

这看起来就像接受者接收到了发送者之所想，而执行了他的命令。但实际上，这并非“传心”，只是一种简单的反射动作。

虽然“意念”和脑信号并非同一个概念，但是两者之间有紧密的联系，因此通过记录脑信号，我们有可能推测出受试者的“意念”。

目前我们的研究主要集中在与指挥动作有关的“意念”上，但随着对脑研究的不断深入，人们也可能通过脑信号推测他人“意念”的其他方面，这会不会侵犯他人隐私而造成伦理上的问题呢？这也是科学家在争论的问题之一。

发展脑机接口技术的初衷是为了造福人类，特别是帮助残障人士，以及在危险环境中代替人类工作，增强健康人的能力，提高工作效率，但绝不是要让人把一切都交给机器代劳。

在张天翼先生的童话故事《大林和小林》中，大少爷唧唧的任何事都由仆人代劳，连吃饭都要许多仆人分别完成：取食物、张嘴、放食物、咀嚼，甚至用棍子把食物捅进他的食管。

这种极度的依赖使他成了一个大废物，一旦没人伺候就只能活活饿死。

我们千万别将脑机接口控制的机器人当成了唧唧那样的仆人。要知道生物学上的一条基本规律是：不用即衰退。

一旦当人什么都不用自己动手的时候，人会不会真的变成废物？这是一个值得深思的问题。

除了用脑信号控制机器之外，脑机接口还有一个很重要的作用，就是绕过传统感官把外界信号直接传送到脑。

例如，为听觉受损的耳聋病人开发出“人工耳蜗”，让外界声音经过处理以后直接刺激听神经而使病人重新听到声音，甚至能与人打电话。

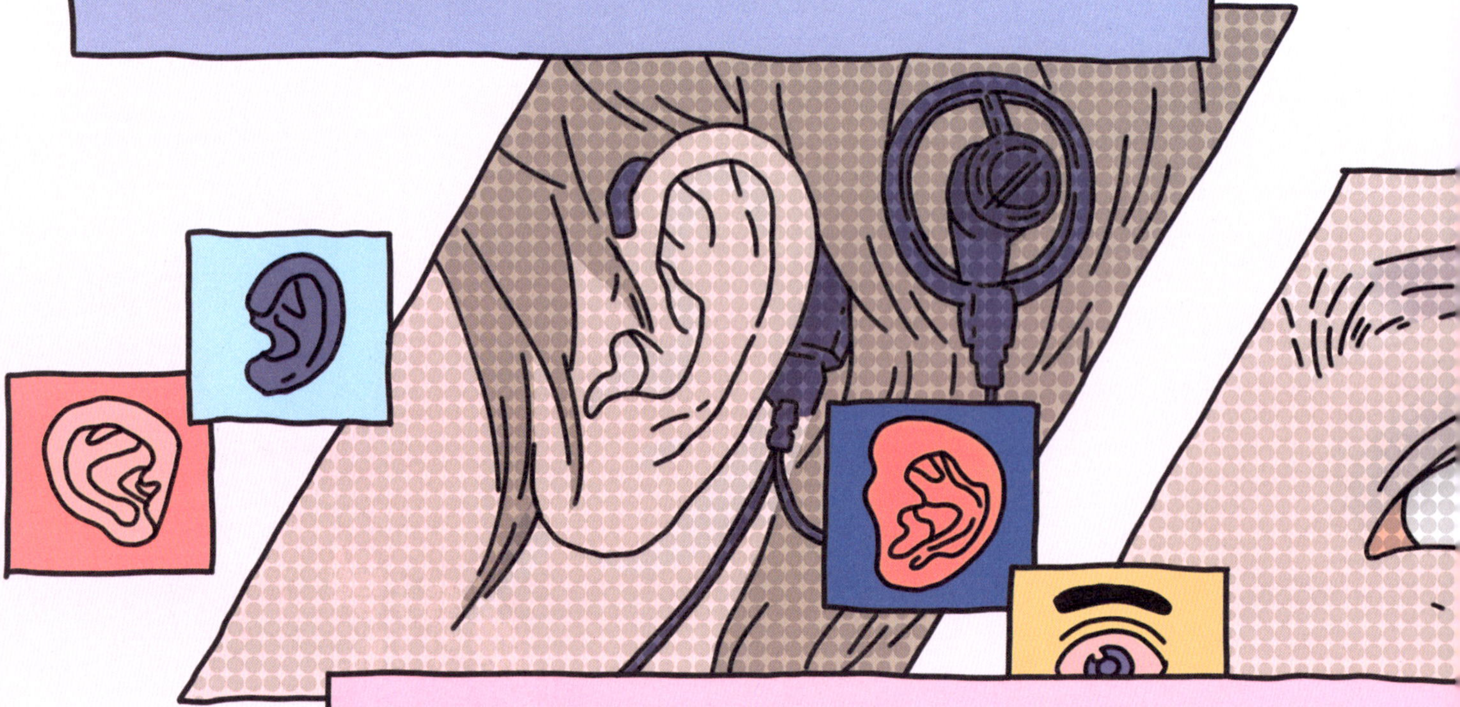

还有为因感光细胞受到损伤而致盲的病人开发出“人工视网膜”，让光信号在经过处理之后能依然传到脑而使病人恢复部分视觉。

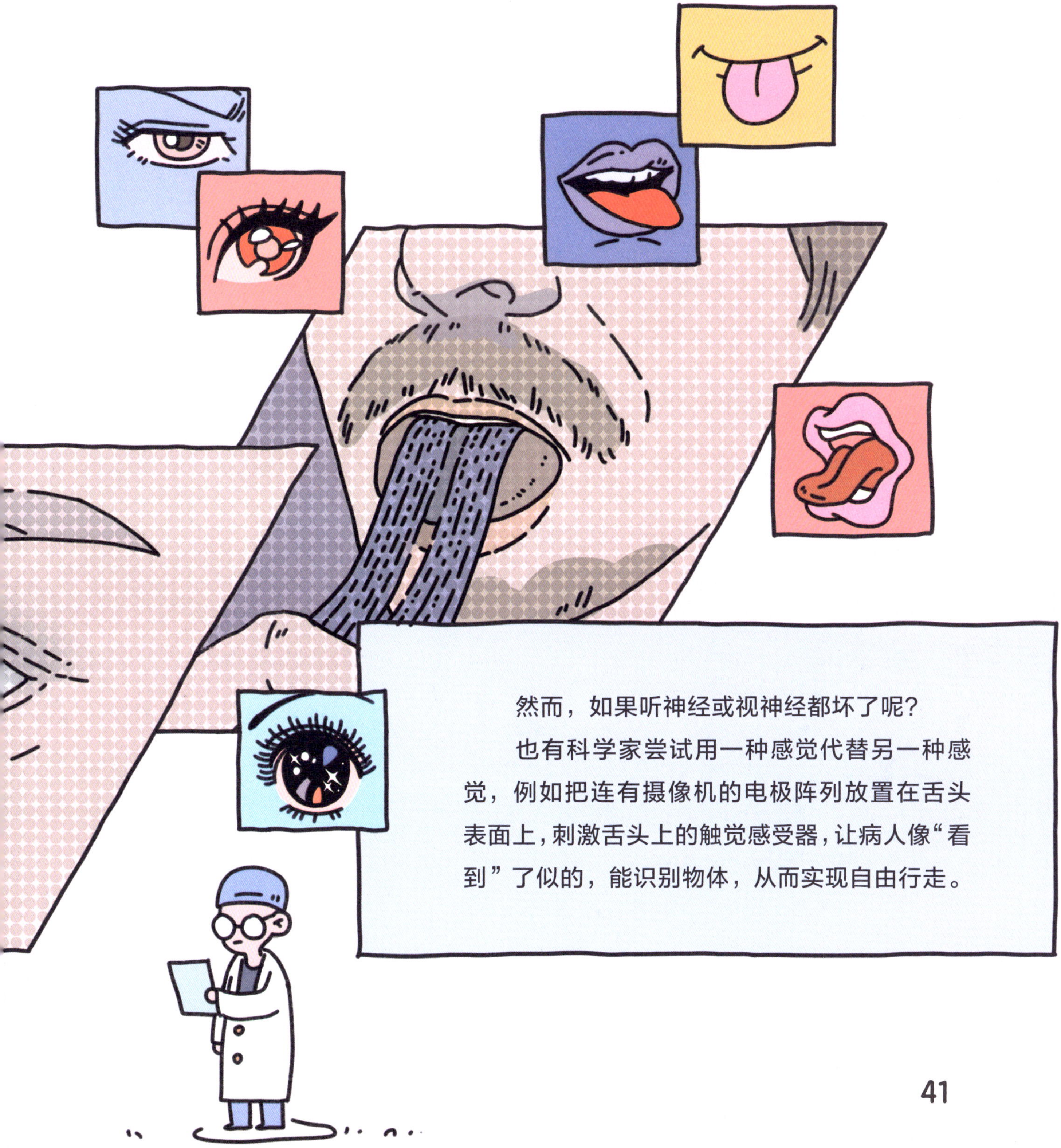

然而，如果听神经或视神经都坏了呢？

也有科学家尝试用一种感觉代替另一种感觉，例如把连有摄像机的电极阵列放置在舌头表面上，刺激舌头上的触觉感受器，让病人像“看到”了似的，能识别物体，从而实现自由行走。

利用类似技术，我们也许能够感知那些原本难以察觉的刺激（如红外线）。这样或许能使我们在危险环境中增添新的感知能力，帮助我们及时避开危险。

此外，科学家已经成功研发出脑部芯片植入技术，为治疗癫痫、帕金森病等疾病带来新途径，造福人类健康。

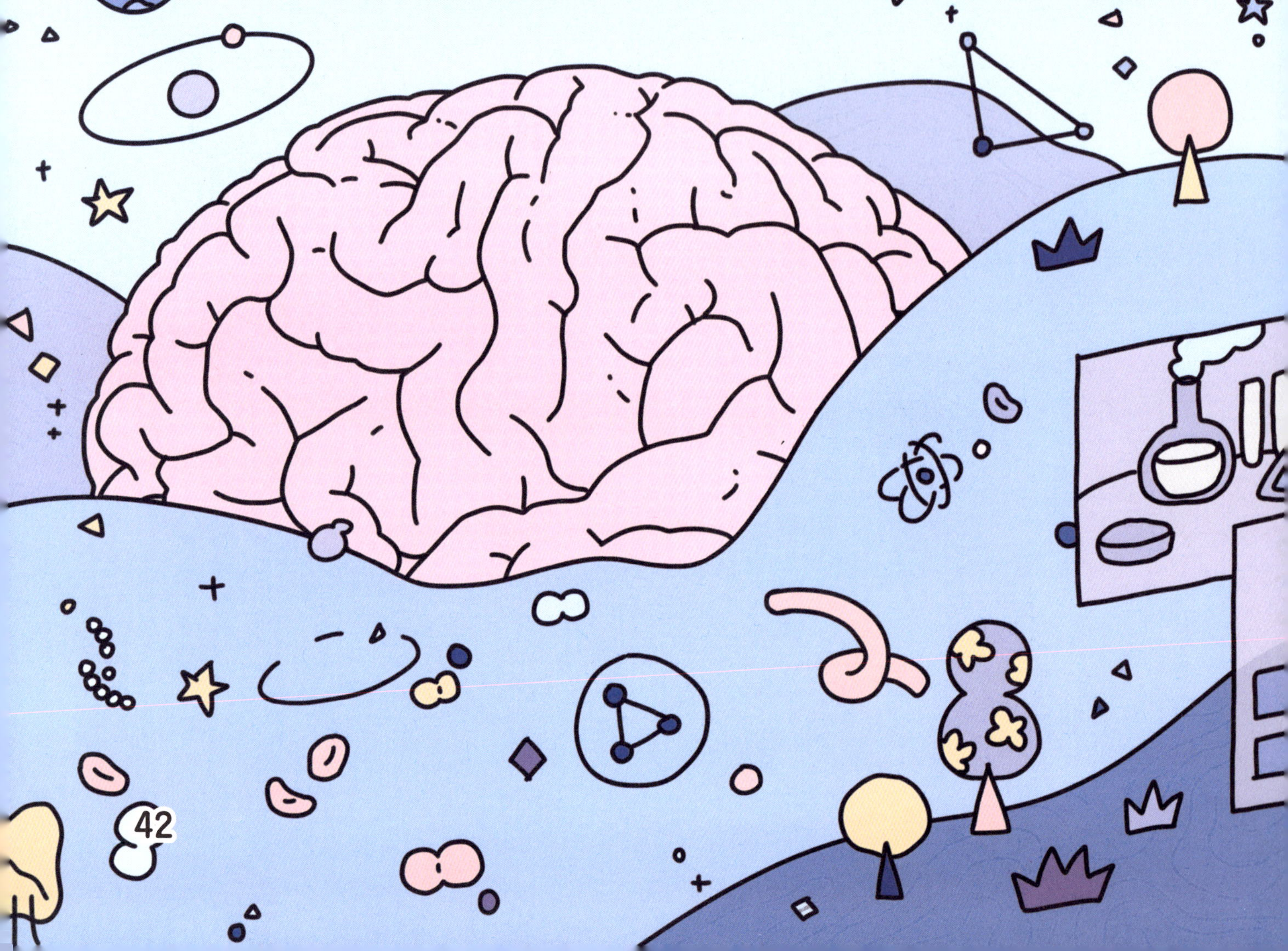

虽然有些事现在还没有做到，并不等于说将来永远做不到。要真正做到“意念控制”“读心”和“传心”，我们还有很长的路要走。

小朋友们既不要轻信不实之词，也不要丧失努力的勇气。要真正做到这一切，我们还需要新思想和新技术。

而未来，提出这种新思想或新技术的，或许正是你们中的某一位。

对脑机接口做出重大贡献的一些科学家

雅克·维达尔

维达尔被公认为脑机接口领域的奠基人之一。早在 1973 年，他就首次提出“脑机接口”这一术语，并在 1994 年发明了脑机接口设备。

米格尔·尼科莱利斯

尼科莱利斯被誉为“脑机接口之父”，奠定了当今脑机接口工作的基石，他领导的“重新行走”项目，开发“外骨骼”装置帮助瘫痪病人恢复行动能力。

约翰·多诺霍

多诺霍是布朗大学的神经科学家，他以开发脑机接口“脑门”系统而闻名。这是一种侵入式的脑机接口，瘫痪病人首次实现用脑信号控制机械手为自己取用饮料。

埃伯哈特·费茨

他是脑机接口的先驱之一，他的研究通过皮层电信号控制，对瘫痪前臂肌肉进行电刺激，使其恢复活动。这一方法对脑机接口技术的发展具有重大意义。

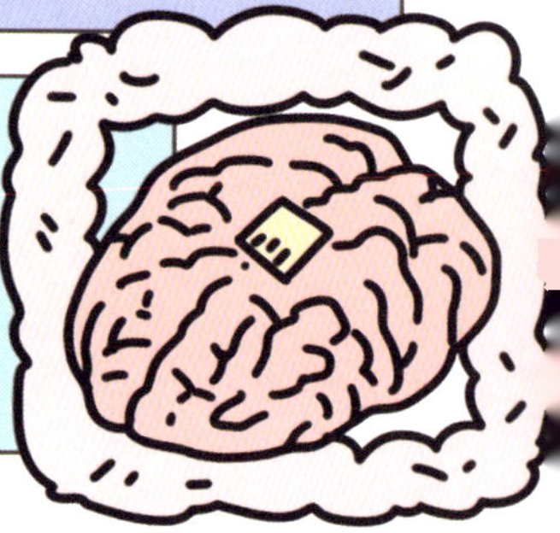

埃隆·马斯克

马斯克创立了以研发脑机接口为目标的“神经联结”公司，推动了该技术的商业化进程。虽然在原理上没有太多创新，但公司在侵入式脑机接口的技术方面取得很大进步。不过他宣称用脑机接口可以使脑和人工智能融合起来成为超人的想法属于幻想。

罗德尼·布鲁克斯

布鲁克斯在机器人学领域有着深远的影响，其研究间接促进了脑机接口与机器人的结合。

何塞·米兰

米兰的研究涉及非侵入式脑机接口，他开发的系统可以让瘫痪病人通过脑电波控制轮椅等设备。

我国清华大学高上凯、洪波、高小榕等人领导的团队，以及上海交通大学吕宝粮领导的团队等，都为无创伤或微创伤的脑机接口做出了重要贡献。

如何成为一名脑机接口科学家？

1

要想成为一名脑机接口科学家，和成为其他领域有成就的科学家一样，需要从小培养一系列品质。

好奇心

好奇心是驱动科学家不断探索未解之谜的动力，比如尼科莱利斯正是因为对如何解释脑信号感到好奇，这才走上了开发脑机接口之路。人天生就有好奇心，小朋友要不断地向自己提问题，向老师提问题，向爸爸妈妈提问题。

质疑精神

要勤于思考，万事都要问个“为什么”。学习不仅是学知识，而且还要知道这些知识是怎么得来的，为什么这些知识有道理，以及是否还有其他的可能性？不要盲目信任书和媒体，要坚信只有实践才是检验真理的唯一标准。

坚韧不拔

在成长的道路上，要多读各方面的书，多参加各种活动，才能发现自己的真正爱好在哪里。一旦认准了目标，就绝不轻言放弃。但是坚韧并非就是固执，要根据实际情况及时调整策略。

2

脑机接口是一个多学科交叉的领域，涉及数学、物理、化学和脑科学，还涉及计算机硬件和编程等多个方面的知识。这些知识、技能和经验需要长期的学习和积累。小朋友如果对脑机接口产生了兴趣，需要从小一步一步打好这方面的基础。知识面要宽一点，但是又要形成自己的专长。这就像一名好的外科医生，既要有一把锋利的解剖刀，还要有止血钳、缝合线等其他工具。不仅要学习好基础知识，更重要的是要学习思考和解决问题的方法。

3

文科知识也同样重要，它能帮助我们更好地表达自己的思想。外语更是通向世界的窗口，学习外语有助于获取最新的科研成果和促进国际交流。

4

在科研工作中，合作和沟通是非常重要的环节，要善于与人讨论，同时保持开放的心态。当自己犯错时，要勇于承认错误，及时调整。与人讨论甚至争论，是最好的思想磨刀石。

后记

在这个日新月异的科技时代，每一刻都充满了惊喜与挑战。小朋友们是未来的主人翁，他们充满了对这个世界的好奇心与探索欲。引导小朋友们正确认识科技、理解科技，激发他们对科学的热爱与追求，我们责无旁贷。

正是基于这样的考虑，我欣然接受了湖南科学技术出版社与我的老朋友——《中国日报》张周项记者的邀请，为《我是未来科学家》系列绘本担任主编。作为《第一推动丛书》的出版者，湖南科学技术出版社在我国科普界具有崇高的声誉。希望我们这套绘本，也能配得上这份历史性的声誉，甚至对它有所增益。

我为这套绘本做的第一件事，是跟邹莉编辑与张周项记者等人商定 10 个前沿领域主题。太空探索、人工智能、基因编辑、新能源、脑科学、芯片、种子……都是引人入胜而且对现实十分重要的新兴科技。当然，还有我最熟悉的量子信息。

我为这套绘本做的第二件事，是努力为本系列的各个主题邀请到相应领域的资深专家执笔。

例如复旦大学生命科学学院退休教授顾凡及先生，是我十分尊敬的科研界与科普界老前辈。他在退休后做了大量的脑科学科普，而且从不人云亦云，对许多热门消息发表过冷思考，如欧盟的人脑计划与马斯克的神经联结公司。最有趣的是，他的这些冷思考多次得到事实的验证。因此由他来担纲解读脑机接口，在质量上就有天然的保证。

又如我的中国科学技术大学师弟——中国科学院国家空间科学中心研究员周炳红博士，他是真正的航天专家，尤其是在火箭推进剂方面。他关于推进剂在失重条件下流动性的研究，对“长征五号”复飞有重要贡献。他和李明涛等同事还研究小行星防御，提出了“以石击石”的新型战略，引起国内外很多媒体的轰动。与此同时，周炳红老师也十分热爱科普，入选了“中国航天科普大使”。实际上，他的科普工作从一开始就是跟我一块做的。由他来解读太空探索，自然再合适不过。

由于篇幅关系，无法在这里对每一位作者都做详细的介绍。但我们可以确定，每一位作者在相应的领域都是响当当的专家。这是我们这套绘本最大的底气所在，是值得向所有人推荐的。

我为这套绘本做的第三件事，是自己作为作者，撰写量子科技分册。在此，我要特别感谢张周项记者，他不但自告奋勇地担任了这套绘本的执行主编，还组织了一支优秀的插画团队。书中的插图既准确又生动，表明他们确实下了很大的工夫来理解量子信息这样深奥的科技，令人十分动容！

每一个领域的专家，其实都能够下笔万言。但为了让小朋友轻松阅读、高效吸收，我们精心将每册内容凝练至适宜篇幅，并融入大量生动有趣的插图。此外，每一册最后都会列出九至十位在此领域做出重要贡献的科学家，还有一个问答：如果你想成为这个领域的科学家，你该怎么办？希望这些编排，能够激发更多小朋友对科技的热情。

《我是未来科学家》系列绘本，是我们为小朋友精心准备的一份礼物。希望通过这套绘本的陪伴与引导，小朋友们能够更加勇敢地面对未知，更加积极地探索世界，成为未来科技的引领者与创造者。让我们一起点亮未来之光，探索科技的无限可能吧！

袁岚峰

图书在版编目（CIP）数据

我是未来科学家. 假如意念可以控制机器 / 袁岚峰主编 ; 顾凡及著. -- 长沙 : 湖南科学技术出版社, 2024. 12. -- ISBN 978-7-5710-3310-1

Ⅰ. Z228.1; R338.2-49; R318.04-49

中国国家版本馆 CIP 数据核字第 20246X1B40 号

WO SHI WEILAI KEXUEJIA JIARU YINIAN KEYI KONGZHI JIQI

我是未来科学家 假如意念可以控制机器

主　　编：袁岚峰

执行主编：张周项

著　　者：顾凡及

绘　　者：小灰帽

出 版 人：潘晓山

责任编辑：邹　莉　刘羽洁

出版发行：湖南科学技术出版社

社　　址：长沙市芙蓉中路一段 416 号泊富国际金融中心

网　　址：http://www.hnstp.com

湖南科学技术出版社天猫旗舰店网址：

http://hnkjcbs.tmall.com

邮购联系：本社直销科 0731-84375808

印　　刷：长沙市雅高彩印有限公司

（印装质量问题请直接与本厂联系）

厂　　址：长沙市开福区中青路 1225 号

邮　　编：410153

版　　次：2024 年 12 月第 1 版

印　　次：2024 年 12 月第 1 次印刷

开　　本：889 mm×1230 mm　1/16

印　　张：3.25

字　　数：23 千字

书　　号：ISBN 978-7-5710-3310-1

定　　价：35.00 元